헨리 나우웬의 특별한 영성
나 홀로, 주님과 함께

나 홀로, 주님과 함께

펴낸일 • 2001년 5월 10일 초판 발행 10쇄
　　　　 2025년 12월 1일 개정판 4쇄

지은이 • 헨리 나우웬
옮긴이 • 신 선 명
펴낸이 • 길 청 자
펴낸곳 • 아침영성지도연구원
등록일 • 1999년 1월 7일/제7호홈페이지
　• www.achimhope.or.kr

총 판 • 선 교 횃 불
　　　　전　화 : 02)2203-2739
　　　　팩　스 : 02)6455-2798
　　　　홈페이지 : www.ccm2u.com

• 파본은 교환해 드립니다.
• 이 출판물은 저작권법에 의해 보호를 받는 저작물
　이므로 무단전재와 무단복제를 금합니다.

30주년기념선물판, 온 세계 40만 명의 영혼을 치유한 고전적 베스트셀러

헨리 나우웬의 특별한 영성
나 홀로, 주님과 함께

헨리 나우웬 지음, 신선명 옮김

치유와 돌봄이 있는 희망의 선교동산
아침영성지도연구원

OUT OF SOLITUDE

by Henri J. M. Nouwen

Published by Ave Maria Press

All Rights Reserved

Korean Translation Copyright ⓒ 2001

by Achim Institute for Spiritual Direction

이 책은 아침영성지도연구원이 Ave Maria Press와
독점 계약하여 새롭게 펴낸 것으로,
저작권법에 따라 한국 안에서 보호를 받는 책이므로
무단전재와 무단복제를 금합니다.

끊임없이 주님을 묵상하며
기도하는 일에 날마다 헌신함으로써
이 험한 세상 한복판에서
상처입은 현대인들에게
그리스도의 치유와 희망을 전하고 계시는
_____ 에게
이 책을 드립니다.

| 토마스 무어의 개정판 머리말 |

 헨리 나우웬은 이제 온 세상 수많은 사람들에게 가장 사랑받는 영성 작가가 되었다. 이 책은 그 이유가 무엇인지를 보여준다. 그의 말에는 능력이 있다. 읽는 이에게 상상의 나래를 펼쳐 준다. 정서적으로도 깊은 곳까지 데려간다. 마치 바다의 곳으로, 숲속의 개척지로, 언덕의 저 밑으로 데려다 주는 듯하다. 나우웬은 자신의 독특한 음색과 스타일로 고독을 창조한다. 그는 자신이 쓰고 있는 바로 그것을 일깨운다.

 그러나 이 책의 단순함 때문에 깜박 속을 수도 있다. 나우웬의 글 속에서는 여러 가지 미묘한 관찰들이 숨어 있다. 그의 말이나 구절이 리듬을 타면서 되풀이됨으로써 여러분을 환상의 세계로 달래 준다. 여기 그렇게 나를 감동시킨 몇 가지 통찰들이 있다.

"이 끈질긴 자기 회의는 깊은 우울증의 토대가 되고 있다." 그에 따르면, 우리는 우리의 가면이 벗겨질까봐 그리고 우리의 불완전함이 드러날까봐 우리가 두려워하고 있다. 우리는 판단받을까봐 그리고 부족함이 들통날까봐 두려워하고 있다. 나우웬의 대답을 듣고 있노라면 이 시대가 낳은 탁월한 신학자 폴 틸리히의 말이 메아리쳐 온다: "여러분이 받아들여졌음을 아십시오. 여러분은 그 모습 그대로가 좋습니다. 여러분 자신에 대하여 믿음을 가지십시오. 다른 사람들로부터 인정을 받으려 안달하지 마십시오. 그리고 나서 공동체 안에서 좋은 관계를 맺으며 지내십시오.

"고요한 중심이 없는 삶은 쉽게 파괴된다." 오늘 우리는 인간의 파괴적인 잠재성을 특히 더 인식하고 있다. 갈등의 모든 측면을 바라보는 곳마다 활동은 많고 고요한 중심은 거의 없다. 우리는 빨리 그리고 강하게 행동하지 않기 위하여 비참할 정도로 수동적인 것 같아 보이는 세상에서 살고 있다. 그러나 아직도 나우웬은 올곧은 궤도를 걷고 있다: 우리에게는 우리의 행동이 파괴적이기보다는 창조적일 수 있도록 고요함의 중심점이 필요하다.

헨리 나우웬과 나는 치유보다는 돌봄을 변호하는 데 뜻을 같이 한다. 치유하고자 하는 충동은 깊고 조용한 중심이 없이 행동하는 것과 비슷하다. 우리는 문제를 풀고 원수를 극복하며 무슨 수를 써서라도 변화시키고야 말겠다고 벼른다. 그러나 진정한 대안은 우리 자신을 위하여, 서로를 위하여, 그리고 우리가 사는 이 세상을 위하여 돌보는 것이다. 우리가 계속해서 돌봄의 자세만 견지할 수 있다면, 변화가 필요없을 수도 있을 것입니다. 우리는 사물들마저 쪼개려 하고 대치하려 한다. 돌봄은, 그와 반대로, 지속적이고, 주의 깊으며, 마음으로부터 온 것이다. 치유 속에는 무언가 영웅적인 것이 있다. 그러나 돌봄에 대해서는 꼭 꼬집어 이야기한다면 어버이같고, 예술적이며, 깊은 자비심 같은 것이 있다.

그러나 나우웬은 돌봄조차도 "쉽게 고통에 병적으로 몰두되어 버릴 수 있다"고 말한다. 우리에게는 기대가 필요하다고 그는 말한다. 우리는 심리학을 뛰어넘을 필요가 있다. 우리에게는 영성적인 관점이 필요하다. 궁극적으로, 우리는 우리의 자아와 자기에 대한 우리의 몰두를 충분히 초월하여, 하나님 안에서 절대적인 고독과 중심을 발견할 필요가 있다. 우리의 궁극적인 고독은 아우성치는 자기의 짐과 심란함으로부터, 우리의 미묘하고 고집센 자기애로부터 자유로워지는 것이다.

 나는 이 책을 읽으면서 오래되고 검증된 생각들을 그야말로 아주 창조적이고 사려깊게 제시해 놓은 것이라는 느낌이 들었다. 나는 그 배후에서 십자가의 성 요한을 발견한다. 정신과 감각을 정화하라고 추천하는 그의 목소리를 듣는다. 나는 내가 '일상의 신비주의'라고 부르곤 했던 것, 곧 우리가 저마다 자기 안에서 그리고 모든 곳 가운데 가장 생산적인 장소인 삶 속에서 고요함을 발견할 수 있는 능력을 향하여 나아가는 길을 가리키는 신선한 언어를 듣는다. 역설은 우리가 그런 특별한 종류의 고독 속에 살지만, 그것이 바로 가장 관계적이요 가장 창조적이라는 사실이다.

토마스 무어 (Thomas Moore)
- 뉴욕타임스 베스트셀러 1위인〈영혼의 돌봄〉(Care of the Soul) 의 저자

.

차 례

토마스 무어의 개정판 머리말 · 6

❶ 외딴 곳에서 만난 하나님 · 13
　　정신없이 바쁜 우리의 삶 · 21
　　고독을 누리는 우리의 삶 · 27

❷ 돌봄의 진정한 의미 · 35
　　돌본다는 것은 · 41
　돌봄, 공동체를 세우는 버팀목 · 47

❸ 희망 섞인 기대가 삶을 이끌어 간다 · 57
　　인내는 기대의 어머니다 · 63
　슬픔 속에서 건져 올린 기쁨 · 67

1
외딴 곳에서 만난 하나님

해가 져서 날이 저물 때

사람들이 모든 병자와 귀신 들린 사람을

예수님께로 데리고 왔다.

그리고 온 동네 사람이 문 앞에 모여들었다.

그는 온갖 병에 걸린 사람들을 고쳐 주시고

많은 귀신을 내쫓으셨다.

예수님께서는 귀신들이 말하는 것을 허락하지 않으셨다.

그들이 예수가 누구인지를 알았기 때문이다.

아주 이른 새벽에,

예수님께서 일어나서 외딴 곳으로 나가서,

거기에서 기도하고 계셨다.

그때 시몬과 그의 일행이 예수를 찾아 나섰다.

그들은 예수를 만나자

"모두 선생님을 찾고 있습니다."라고 말했다.

예수님께서 그들에게 말씀하셨다.

"가까운 여러 고을로 가자.

거기에서도 내가 말씀을 선포해야 하겠다.

나는 이 일을 하러 왔다."

예수님께서 온 갈릴리와 여러 회당을

두루 찾아가셔서 말씀을 전하고,

귀신들을 내쫓으셨다.

(마가복음 1장 32-39절)

들어가는 말

"아주 이른 새벽에, 예수님께서 일어나서 외딴 곳으로 나가셔서, 거기에서 기도하고 계셨다."

고통당하는 사람들을 치유하랴, 귀신을 내어 쫓으랴, 참을성 없는 제자들에게 일일이 응답해 주랴, 이 도시 저 도시를 여행하랴, 이 성전 저 성전에서 설교하랴…. 쉴 새 없는 활동으로 가득 찬 성경 본문 한가운데서 우리는 다음과 같은 구절을 발견한다.

"아주 이른 새벽에, 예수님께서 일어나서 외딴 곳으로 나가셔서, 거기에서 기도하고 계셨다."

숨 쉴 틈마저 없는 바쁜 활동 한가운데서 우리는 매우 편안한 숨소리를 듣는다. 또한 이곳저곳을 뛰어다니느라 정신없는 속에서도 고요한 정적의 순간을 발견한다. 관여해야 될 일이 한두 군데가 아니지만, 삶의 중심에서 물러서는 것에 관한 말들이 있다. 그리고 수없이 함께 한 일들 위에 고독이 있다.

나는 이 본문을 읽으면 읽을수록, 예수님이 하신 사역의 비밀은 그분이 아침 일찍, 새벽 동이 트기 훨씬 전에 기도하러 갔던 저 외딴 곳에 숨겨져 있다는 생각이 든다. 그 외딴 곳에서 예수님은 자신의 뜻이 아니라 하나님의 뜻을 따르고, 자신의 일이 아니라 하나님의 일을 할 용기를 발견하신다. 그분께서는 끊임없이 우리에게 이렇게 상기시키신다.

"나는 아무것도 내 마음대로 할 수 없다…그것은 내가 내

뜻대로 하려 하지 않고, 나를 보내신 분의 뜻대로 하려 하기 때문이다"(요한복음 5장 30절).

그리고 다시 이렇게 말씀하신다.

"내가 너희에게 하는 말은 내 마음대로 하는 것이 아니다. 아버지께서 내 안에 계시면서, 자기의 일을 하신다"(요한복음 14장 10절).

바로 이 외딴 곳이야말로 예수님께서 성부와 친밀한 관계에 들어가시는 곳이고, 그분의 사역이 시작되는 곳이다. 나는 우리 삶 속에 있는 이 외딴 곳에 대하여 곰곰이 생각해 보고자 한다.

어딘가 외딴 곳 없는 우리의 삶은 위험 속에 빠져 있다는 것을 우리는 알고 있다. 침묵 없이 쏟아놓는 우리의 말들은 그 의미를 상실해 버렸다. 경청하지 않고는 더 이상 치유하지 못하며, 일정한 거리를 유지하지 않고는 더 이상 치료할 수 없다는 것을 우리는 알고 있다. 어딘가 외딴 곳 없이 우리가 하는 활동은 금세 공허한 몸짓이 되어 버린다는 것을 알고 있다.

 침묵과 말 사이, 물러남과 참여함 사이, 거리를 유지하는 것과 가까이 다가가는 것 사이, 고독과 공동체 사이의 조심스런 균형이 그리스도인의 삶의 밑바탕을 이룬다. 따라서 이런 균형이야말로 우리의 가장 개인적인 관심의 주제가 되어야 한다. 그러므로 먼저 활동들로 가득 찬 우리의 삶과 고독을 누리는 우리의 삶에 대해서 살펴보도록 하자.

정신없이 바쁜 우리의 삶

 우리는 세상에서 무언인가 성취하고자 하는 강한 욕망을 지니고 있다. 우리 가운데 어떤 이들은 사회구조 속에 아주 극적인 변화가 일어나기를 바란다. 또 어떤 이들은 최소한 집을 짓거나 책을 쓰거나 기계를 발명하거나, 아니면 트로피를 받는 것을 원한다. 그리고 우리 가운데 어떤 이들은 누군가를 위해 가치 있는 일을 할 때만 만족스러워한다.

그러나 실제적으로 우리는 삶에서 무엇을 기여할 수 있을까 생각한다. 그리고 나이가 들면서 행복이나 슬픔에 대해 우리가 느끼는 것들은 어떤 역할을 한 부분에 대해 우리가 어떻게 평가하느냐에 따라 달라진다.

크리스천으로서 우리는 누군가를 위해 좋은 일, 곧 조언하고 위로하는 일을 비롯해 이곳저곳을 다니며 복음까지 선포해야 할 소명을 느끼기도 한다. 그러나 선한 뜻을 가진 욕망이 목표 지향적 사회에서 정신적·영성적으로 건강의 징후라 할지라도 다른 한편에서는 그것이 자존감을 무력화시키는 원천이 될 수도 있다.

우리는 대개 의미 있는 일을 하고자 할 뿐만 아니라, 일의 결과를 자존감의 표준으로 삼기도 한다. 당신이 이 나라에서 강의를 많이 하는 사람이라면, 나이가 들수록 당신을 소개하는 말도 길어진다. 당신이 사회생활을 시작하고 나서부터 현재까지 성취했던 모든 것을 소개하기 때문이다.

우리가 스스로 한 일의 결과에 따라 영향을 받기 시작할 때, 삶이란 누군가가 우리의 가치를 측정하기 위해 점수를 열거해 놓은 하나의 큰 점수판이라는 잘못된 확신을 하게 된다.

그리고 우리가 그것을 충분히 알기도 전에, 우리의 영혼을 채점꾼들에게 팔아 버린다. 그것은 우리가 세상 안에 있을 뿐만 아니라, 세상에 속해 있다는 것을 뜻한다. 그리고 나서 우리는 세상이 우리를 빚어내는 대로 되어간다.

누군가 우리에게 높은 점수를 주기 때문에 우리는 총명한 사람으로 인정받는다. 누군가가 우리에게 고맙다고 말하기 때문에 우리는 도움을 주는 사람이 된다. 누군가 우리를 좋아하기 때문에 우리는 호감 가는 사람이 된다. 누군가가 우리를 없어서는 안 된다고 여기기 때문에 중요한 존재가 된다. 간단히 말해서, 성공하고 있기 때문에 우리는 가치가 있다.

우리가 성취-활동한 결과-를 자존감의 표준이 되도록 허락하면 할수록, 우리는 더욱 더 정신적·영성적 준비를 갖추어 걸어갈 것이다. 또한 그럴수록 우리가 지난날의 성공에 힘입어 품게 된 기대에 부끄럽지 않게 행동할 수 있을지 결코 확신하지 못할 것이다.

많은 사람들의 삶 속에는 성공하면 할수록 불안도 더 커가는 사슬이 있다. 이 어두운 힘이 대부분의 위대한 예술가들을 자기 파멸의 길로 내몰았다. 성공 지향적인 세상에서 우리의 삶은 최상급의 말에 따라 더욱 더 지배당하고 있다. 우리는 자랑한다. 가장 높은 탑, 가장 빠른 달리기 선수, 가장 키가 큰 사람, 가장 긴 다리, 그리고 가장 우수한 학생을….

하지만 네덜란드에서 우리는 그 반대가 될 것들을 자랑한다. "우리에게는 가장 작은 마을, 가장 좁은 거리, 가장 작은 말, 그리고 가장 불편한 신발을…."

그러나 성공적인 활동만 열심히 강조하다 보니 그 속에서 우리 대부분이 고질적이고 낮은 자존감 때문에 고통당하고 있다. 그리고 언젠가는 우리가 세상에 알려진 만큼 똑똑하거나 착하거나 호감이 가는 사람이 아니라는 사실을 드러낼 것이라는 두려움을 가지고 있다.

이따금 누군가가 "모두가 나를 조용하고 침착한 사람이라고 생각하지만, 만일 그들이 내가 지금 느끼는 속내를 알게 된다면…" 하고 고백할 것이다. 이 끈질긴 자기 회의는 경쟁 사회 속에서 시달리는 많은 사람들에게 만연해 있는 우울증의 바탕이 되고 있다.

이렇게 우리의 연약함이 발견될까 봐 마음 졸이는 두려움은 공동체와 창조적인 나눔을 방해한다. 우리의 정체성을 이 세상의 판단에 팔아 버렸을 때 우리는 불안을 느낀다.

실제로 우리는 지속적인 자기 거절 때문에 마음이 쳐지고 침울해지기 쉽다. 그리고 우리는 고립될 것 같은 심각한 위험 속에 있다. 따라서 우리가 두려움을 느낄 때 우리는 쉽게 자기가 창조한 환영의 감옥에 갇히게 된다.

고독을 누리는 우리의 삶

 그리스도인으로서 산다는 것은 무엇일까? 그것은 세상 안에 있으나 세상에 속하지 않는 삶을 산다는 것을 뜻한다. 고독 속에서만 이러한 내적 자유가 자랄 수 있다.

예수님께서는 기도하기 위해 자신이 한 모든 말이 성부에게서 왔으며, 자신이 한 모든 일이 그를 보내신 분의 일이었다는 인식 안에서 자라기 위해 외딴 곳으로 가셨다. 그 외딴 곳에서 예수님께서는 실패도 받아들이실 만큼 자유로워지셨다.

외딴 곳이 없는 생활, 곧 골방이 없는 생활은 파멸로 치닫기 쉽다. 우리가 활동한 결과들에 집착하거나 소유하는 데

안달하면서 자기를 방어하려고만 한다면 은사를 나눌 친구로 동료를 보기보다 거리를 유지해야 할 적으로 보기 쉽다.

우리는 고독 속에서 소유욕에 가득 찬 우리의 허상을 서서히 깰 수 있다. 그리고 자아는 우리가 정복할 수 있는 존재가 아니라, 우리에게 주어진 존재라는 사실도 발견할 수 있다. 고독 속에서 우리는 말을 배우기 전부터 우리에게 말씀하셨고, 우리가 도움의 손길을 베풀기 전부터 우리를 치유하신 그분의 음성을 들을 수 있다. 또한 우리가 다른 사람들을 자유롭게 하기 훨씬 이전부터 우리를 자유하게 하셨으며, 우리가 누군가를 사랑하기 훨씬 이전부터 우리를 사랑하셨던 그분의 음성을 들을 수 있다.

우리는 고독 속에서 존재가 소유보다 훨씬 더 중요하고, 노력한 결과보다 우리 자신이 훨씬 더 가치 있는 존재라는 사실을 발견하게 된다. 고독 속에서, 우리는 우리 삶이 지켜야 할 소유물이 아니라, 나누어야 할 선물이라는 것을 발견한다. 고독 속에서, 우리가 던지는 치유의 말들이 자신의 것이 아니라 우리에게 주어진 것이라는 사실을 알게 된다. 또한 우리가 표현할 수 있는 사랑이 더 위대한 사랑의 일부라는 사실과, 우리가 초래하는 새 삶이 선물이라는 사실을 깨닫게 된다.

고독 속에서, 우리의 가치가 얼마나 쓸모 있는가 하는 유용성과 꼭 같지는 않다는 것을 알게 된다. 우리는 이 점에서도 이야기에 나오는 오래된 나무로부터 많은 것을 배울 수 있다. 거기에 나오는 목수와 그 도제의 대화를 들어보자.

한 목수와 그의 도제가 큰 숲을 지나 함께 걷고 있었다. 키가 크고 옹이 투성이며 오래된 참나무 앞을 지나갈 때 목수가 도제에게 물었다.

"이 나무가 왜 이렇게 엄청나게 크고, 옹이가 많으며, 아름다운지 아느냐?"

그 도제는 자기 스승을 바라보며 말했다.

"아뇨…. 왜 그렇지요?"

그 목수는 말했다.

"음, 그건 쓸모없기 때문이지. 만일 저 나무가 쓸모 있었다면 이미 예전에 잘려서 식탁이나 의자로 만들어졌겠지. 그런데 쓸모가 없었기 때문에 저렇게 크게 자라서 네가 그 그늘에 앉아 쉴 수 있게 된 거란다."

고독 속에서, 우리는 우리의 유용성에 집착하지 않은 채 자유롭게 늙어 갈 수 있다. 다시 말해 세상에서 가치 있게 여기는 경력이나 성공, 보상 등에 얽매이지 않고 마음껏 나눌 수 있는 신앙 공동체를 형성할 수 있다.

신앙 공동체 안에서 열심히 일했을 때 결과가 없다고 가치가 없는 것이 아니다. 신앙 공동체 안에서 우리가 약자들과 교제하며, 우리 존재의 외딴 곳에서 우리에게 "두려워 말아라. 네가 받아들여졌다" 하시는 그분께 우리 삶은 충분한 의미를 지닌다는 사실이다.

나가는 말

"아주 이른 새벽에, 예수님께서 일어나서 외딴 곳으로 나가셔서, 거기에서 기도하고 계셨다."

시몬과 그의 일행이 예수님을 발견했을 때, 그분은 이렇게 말씀하셨다:

"가까운 여러 고을로 가자. 거기에서도 내가 말씀을 선포해야 하겠다. 나는 이 일을 하러 왔다."

예수님께서 가까운 여러 고을에서 하신 말씀은 성부와의 친밀함 속에서 생겨났다. 그것은 위로와 단죄의 말씀이었고,

희망과 경고의 말씀이었으며, 일치와 구분에 대한 말씀이었다. 그분께서는 자기 자신의 영광을 추구하지 않으셨기에 이런 도전이 되는 말씀들을 과감히 선포하셨다:

"내가 나를 영광되게 한다면, 나의 영광은 헛것이다. 나를 영광되게 하시는 분은 나의 아버지시다. 너희가 너희의 하나님이라고 부르는 바로 그분이시다. 너희는 그분을 알지 못한다"(요한복음 8장 54절).

몇 년 뒤, 예수님께서는 바로 이 말씀들 때문에 거절과 죽임을 당하게 되셨다. 그러나 그 외딴 곳에서 그분에게 말씀하셨던 분이 그분을 들어올리셔서 희망과 새 삶의 표징이 되게 하셨다.

여러분이 여러분의 활동들과 관심사들 한가운데서 외딴 곳을 창조할 수 있을 때, 여러분의 성공과 실패는 여러분에 대한 영향력을 서서히 잃어 갈 것이다.

그때가 되면, 이 세상에 대한 여러분의 사랑이 그 환영에 대한 동정적 이해와 함께 표출될 수 있을 것이다. 그때가 되면, 여러분의 진지한 참여가 진솔한 미소와 함께 표출될 수 있을 것이다. 그때가 되면, 다른 사람들에 대한 여러분의 관심이 여러분 자신의 필요보다는 그들의 필요에 따라 촉발될 수 있을 것이다. 그때가 되면, 간단히 말해서, 여러분은 돌볼 수 있을 것이다.

그러므로 우리의 삶을 풍성하게 살아가되, 잠시 동안 아주 이른 새벽에 일어나 외딴 곳으로 나가는 것도 잊지 말자.

2
돌봄의 진정한 의미

예수와 그 제자들은 배를 타고,

따로 외딴 곳으로 떠나갔다.

그런데 많은 사람들이 보고서,

그들인 줄 알고 여러 성읍에서 길을 따라

그곳으로 함께 달려가서, 그들보다 먼저 그 곳에 이르렀다.

예수님께서 배에서 내려서 큰 무리를 보시고,

그들이 마치 목자 없는 양과 같으므로,

그들을 불쌍히 여기셨다.

그래서 그들에게 여러 가지로 가르치기 시작하셨다.

날이 이미 저물었으므로,

제자들이 예수께 다가와서 아뢰었다.

"여기는 빈 들이고 날도 이미 저물었습니다.

이 사람들을 흩어, 제각기 먹을 것을 사 먹게

근방에 있는 농가나 마을로 보내시는 것이 좋겠습니다."

예수님께서 "너희가 그들에게 먹을 것을 주어라" 하시니,

제자들이 "그러면 우리가 가서 빵 이백 데나리온 어치를

사다가 그들에게 먹이라는 말씀입니까?" 하였다.

예수님께서는 그들에게 "너희에게 빵이 얼마나 있느냐?

가서 알아보아라" 하고 말씀하셨다.

그들이 알아보고 "빵 다섯 개와 물고기 두 마리가 있습니다"라고 말했다.

예수님께서는 제자들에게 명하여, 모두 떼를

지어 푸른 풀밭에 앉게 하셨다.

그들은 백 명씩 또는 쉰 명씩 떼를 지어 앉았다.

예수님께서 빵 다섯 개와 물고기 두 마리를 손에 드시고,

하늘을 우러러 감사기도를 드리신 뒤 빵을 떼어서

제자들에게 주시면서 사람들에게 나누어 주게 하셨다.

그리고 그 물고기 두 마리도 모든 사람에게 나누어 주셨다.

그들은 모두 배불리 먹었다.

빵 부스러기와 물고기 남은 것을 주워 모으니,

열두 광주리에 가득 찼다.

빵을 먹은 사람은 남자 어른만도 오천 명이었다.

(마가복음 6장 31-44절)

들어가는 말

예수님께서는 고독에서 나와 자신을 필요로 하는 사람들에게 다가가셨다. 외딴 곳에서 그분의 돌봄은 한층 성숙해지셨다. 그리고 그분은 그곳에서 치유적인 차원에서 사람들과 아주 가깝게 지내셨다.

예수님께서는 실제로 그들을 돌보셨다. 그분은 굶주린 이들을 먹이셨고, 눈먼 사람들을 보게 하셨고, 귀머거리들을 듣게 하셨다. 그리고 절름발이들을 걷게 하셨고, 죽은 이들을 살리셨다.

그러나 우리는 그분이 행하신 일에만 주목하다 보니 중요한 것을 잊어버린다. 곧 예수님께서 군중 속에 있던 낯선 이로부터 몇 덩이 빵과 물고기를 받으셨기에 많은 이에게 음식을 제공하실 수 있었다는 사실을 말이다. 또한 나인 성 소년 이야기에서 그의 홀어머니가 겪고 있는 슬픔을 느끼셨기에 그 소년을 어머니에게 돌려보내실 수 있었다는 사실이나 마음이 찢어질 듯 눈물과 한숨으로 번민하셨기에 나사로를 무덤에서 일으키실 수 있었다

우리가 보는 것, 아니 보고 싶어 하는 것은 치료와 변화다. 그러나 우리가 보고 싶어하지 않는 것은 돌보는 것, 고통에 참여하는 것, 고난 속에서 연대하는 것, 깨어짐의 경험을 함께 나누는 것이다. 더욱이 '돌봄'이 없는 치료는 냉정한 마음으로 던져 주는 선물만큼이나 비인간적인 것이다.

나는 모든 치료의 밑바탕과 선결 조건으로서 돌봄에 대해 묵상해 보고 싶다. 우리 같은 공동체 안에서는 모든 강조점이 치료에 주어져 있다. 우리는 전문가가 되고자 한다. 곧 아픈 이들을 고치고, 가난한 이들을 도우며, 무지한 이들을 가르치고, 흩어진 이들을 조직하고자 한다.

그러나 우리는 진짜 중요한 것에서 안전거리를 유지함으로써, 결국 진정한 돌봄이 없는 치료가 훨씬 더 해롭다는 것을 잊어 버린다는 것이다. 그러므로 돌봄이 진짜 무엇을 의미하는지 자문해 보자. 그리고 나서 돌봄이 어떻게 공동체의 밑바탕이 될 수 있는지 알아보자.

돌본다는 것은

돌본다는 것은 무엇을 의미할까? 돌봄이라는 말이 모호한 말이 되었다. 어떤 이가 "내가 그를 돌볼 거야!"라고 말할 때, 그것은 다정다감한 자비의 표명이라기보다는 곧 닥칠 듯한 공격의 선언이라고 보기가 더 쉽다. 이러한 모호성 외에도, 돌봄이라는 말은 부정적인 방법으로 가장 많이 사용된다.

"커피 드실래요, 녹차 드실래요?"
"아무 거나 상관없어요!"(I don't care).

"집에 있을 거니, 영화 보러 갈 거니?"

"아무래도 상관없어!"(I don't care).

"걸어갈래, 차 타고 갈래?"

"아무래도 상관없어!"(I don't care).

삶 속에서 선택해야 될 순간에 나타나는 이런 무관심의 표현은 이제 상투어가 되었다. 그리고 가끔은 돌보지 않는 것이 늘 돌보는 것보다 더 수용적이고, 돌봄에 전혀 신경 쓰지 않는 삶의 양식이 돌봄에 연연하는 삶의 양식보다 더 매력적인 게 되어 버리지 않았나 싶다.

그러나 진정한 돌봄은 모호하지 않다. 진정한 돌봄은 무관심을 배제한다. 그것은 냉담의 반대다. '돌봄'(care)이라는 말은 어원상 고트 말 '카라'(kara)에서 왔는데, 그것은 비탄이라는 뜻이다. 돌봄의 기초적인 의미는 다음과 같다. "애도하다, 슬픔을 표현하다, 함께 울부짖다."

나는 돌봄이라는 말의 배경을 알고 매우 큰 충격을 받았다. 그것은 우리가 돌봄이 약자를 향한 강자의 태도, 힘없는 이를 향한 힘 있는 이의 태도, 못 가진 이를 향한 가진 이의 태도로 보려는 경향이 있기 때문이다. 그리고 사실, 우리는 누군가의 아픔에 대하여 무언가를 하기 전에 그 아픔 속에 들어가는 것을 매우 불편해 한다.

더욱이 우리가 삶 속에서 어떤 사람들이 우리에게 가장 가깝게 느껴지는 사람인지 정직하게 자문해 보면 바로 이런 이들이다. 곧 조언이나 해결책이나 치료를 베푸는 대신, 오히려 상냥하고 다정다감한 손으로 우리의 아픔을 나누고 상처를 만져 주는 일을 택한 사람들이다.

절망과 혼돈의 순간 우리와 함께 조용히 있어 줄 수 있고, 슬픔과 사별의 시간에 우리와 함께 머물러 주며, 알지 못하는 것과 치유하지 못하는 것을 참아 주면서 무력한 현실을 우리와 함께 직면해 줄 수 있는 친구가 바로 돌보는 친구다.

당신은 아내나 남편, 아이나 부모를 잃은 친구와 함께 있었던 순간을 기억할 수 있을 것이다. 그 순간 당신은 무엇을 말하고, 행하고, 제안할 수 있는가? 그럴 때마다 번번이 하는 말들이 있다.

"울지 마세요, 당신이 사랑했던 분은 하나님의 손에 있으니까요."

"슬퍼하지 마세요, 아직도 살 만한 가치가 있는 일들이 얼마나 많은데요."

그러나 우리는 죽음에 직면하여 우리의 무력함을 정말 경험하고 "이해할 수가 없어요. 제가 뭘 어떻게 해야 될지 모르겠어요. 하지만 제가 이렇게 당신과 함께 있잖아요"라고 말할 준비가 되어 있는가? 고통에서 멀리 달아나지 않고, 아무것도 할 수 없을 때라도 괜히 바쁜 척하지 않으며, 오히려 슬퍼하는 이들과 함께 죽음에 직면하여 기꺼이 서 있을 수 있는가?

돌보는 친구는 외부 세계에서 무슨 일이 일어나든지 서로에게 다가가 함께 있어 주는 일이 정말 중요하다는 것을 분명히 한다. 사실 고통이나 질병, 아니 죽음보다도 더 중요한 것이 그것이다.

비록 삶의 문제에 어떤 대답도 주지 않지만, 아주 정직하고 직접적인 방법으로 자신들의 삶을 조명해 볼 수 있는 용기를 지닌 저자들로부터 우리가 얼마나 많은 위로와 희망을 얻을 수 있는지 주목해 볼 만하다. 키에르케고르, 사르트르, 카뮈, 해머스쾰트, 머튼…. 그들 중에 누구도 해결책을 제공한 적은 없다.

하지만 우리는 대부분 그들의 작품을 읽고 우리 자신을 성찰하는 새 힘을 발견하고 있다. 그들은 인간의 고난에 아주 깊이 들어가서 자기 자신의 아픔으로 받아들일 수 있는 용기가 있었기 때문에 치유의 말을 할 수 있는 능력을 소유하게 되었다.

그러므로 돌보는 것이란 무엇보다도 먼저 서로에게 다가가 같이 있어 주는 것을 뜻한다. 경험으로 알고 있는 것은, 당신을 돕는 이들은 가까이 다가와 같이 있어 준다는 사실이다.

그들은 당신에게 귀를 기울인다. 그리고 자기 자신을 위한 질문이 아니라 당신을 위한 질문을 한다. 그들의 현존은 치유의 현존이다. 그들이 당신의 입장에서 수용해 주고, 당신이 자신의 삶을 진지하게 대하고 소명을 신뢰하도록 격려해 주기 때문이다.

 우리는 고통스런 현실로부터 벗어나거나 가능한 한 빨리 그것을 변화시켜 보려는 경향이 있다. 그러나 돌봄이 없는 치료는 우리를 지배자나 통제자, 조작자로 만들어 버리고, 진정한 공동체를 형성하는 길을 막아 버린다.

 돌봄이 없는 치료는 급변하는 현실의 변화에 정신이 팔려 참을성도 없고, 서로의 짐도 기꺼이 나누어지지 못하게끔 만든다. 그래서 치료는 종종 해방을 가져오기보다 방어적인 게 될 수도 있다.

 그러므로 도움을 필요로 하는 사람들이 가끔씩 치료를 거부하는 현상이 벌어지는 것은 그렇게 이상한 것이 아니다. 개인에 따라 진정한 치료를 감지하지 못할 때 도움을 거부하기도 하고, 나아가 억압받는 소수들은 후원조차 뿌리쳐 버리기도 한다. 또 고통을 겪는 나라들은 심중에 진정 돌볼 뜻이 없는 손으로부터 선물을 받음으로써 자존심마저 상실하느니 차라리 의약품이나 음식물을 거절해 버리는 경우까지 생겨나고 있다.

돌봄, 공동체를 세우는 버팀목

'우리가 어떻게 하면 돌봄 공동체가 될 수 있을까? 우리가 무조건 고통을 덮으려 하거나 닳고 닳은 말로 이리저리 둘러대면서 교묘히 빠져나가려 하지 않고, 오히려 그것을 치유와 새 삶의 토대로서 나누려 애쓰는 사람들의 공동체가 될 수 있을까?'

돌보는 일을 하면서 박사학위(Ph.D.)를 받을 수는 없다는 것, 돌봄은 전문가에게 위임시킬 수 없다는 것, 그러므로 아무도 돌보는 일에 핑계를 댈 수 없다는 것을 깨닫는 것이 중요하다.

게다가 우리 같은 사회에서는 전문가라면 사족을 못 쓰는 경향이 있다. 누군가가 몸 상태가 안 좋아 보일 때 우리는 이렇게 생각한다. '가까운 데 의사가 어디 있을까?' 누군가가 혼돈스러워할 때, 우리는 상담자를 찾아가 보라고 쉽게 조언한다. 그리고 누군가가 죽어 갈 때 우리는 재빨리 성직자를 부른다. 누군가가 기도를 원할 때마저도, 우리는 주변에 목회자가 있는지 찾느라 부산을 떤다.

 2세기 전 1787년, 미국 헌법에 대해 심의하던 동안에 생겼던 일이다. 토의가 어느 방향으로 가고 있는지 통 종잡을 수가 없게 되었을 때, 벤자민 프랭클린이 기도로 개회를 하자고 제안했다. 그러나 전당대회 대표단이 그 제의를 거절했다. 그 이유는 그들이 기도를 믿지 않아서가 아니라, 자기들을 위한 목사를 살 수가 없었기 때문이다(S. E. Morrison, The Oxford History of the American People, New York: 1965, 307-308쪽을 보라).

 보통 외부의 도움을 청하는 것이 매우 의미 있을지라도, 다른 사람들에게 위탁해 버리는 우리 모습은 때때로 잘 돌보기 위함이라기보다 고통에 직면하기를 두려워해서 그럴 경우가 더 많다. 그리고 그런 경우 우리는 치유할 수 있는 최고의 은사를 다른 사람들에게 보여 줄 기회를 또다시 놓쳐 버리게 된다.

모든 인간은 종종 알려지지 않은 은사를 지니고 있다. 그 것은 곧 돌볼 수 있는 은사다. 자비를 베풀 수 있는 은사다. 다른 이들과 함께 있어 줄 수 있는 은사다. 경청해 줄 수 있는 것도 은사다. 들어 줄 수 있는 것도 은사다. 받아 줄 수 있는 것도 은사다. 그러한 은사를 자유자재로 선용할 수만 있다면, 기적은 일어날 수 있다.

낯선 사람에게서 빵을 받아들고 감사해서 미소를 지을 수 있는 이들은 그것을 현금으로 바꾸지 않고도 많은 이를 먹일 수 있다. 무슨 말을 해야 할지는 모르나 자신들이 그곳에 있어야 한다는 것은 알고서, 동료와 침묵을 지키며 함께 앉아 있을 수 있는 이들은 죽어 가는 마음에 새 생명을 가져올 수 있다.

감사함으로 손을 맞잡고, 슬픔으로 눈물을 흘리며, 진심으로 한숨 섞인 번민을 토해내는 걸 두려워하지 않는 이들은 무력하게 만드는 울타리들을 헤치고 나아가 새로운 친교, 곧 깨어진 이들과의 친교가 탄생되었음을 증언할 수 있다.

왜 우리는 그 위대한 돌봄의 은사를 그렇게 깊숙이 감추고만 사는 걸까? 어찌하여 우리는 구걸하는 이의 얼굴을 들여다보지 못한 채 동전만 땡그랑 던져 주고 마는 걸까? 어찌하여 우리는 식당에서 외롭게 홀로 앉아 먹고 있는 이와 합석하지 못한 채 잘 아는 사람이 없나 주변만 살피는 걸까?

어찌하여 우리는 단지 잘 지냈냐고 말하거나, 단지 우리가 서로에 대하여 생각하고 있었다는 것을 보여주기 위해서 문을 두드리거나 전화기를 드는 일을 좀처럼 하지 못하는 걸까?

미소 한번 짓기가 왜 그리 힘들고, 위로의 말 한마디 던지기가 왜 그리 어려운 걸까? 선생님에게 감사를, 학생에게 칭찬을, 요리하고 청소하고 정원을 돌보는 뭇 사람들에게 고마움을 표현하기가 왜 그리도 어려운 걸까? 우리는 왜 더 중요한 무언가를 하러 가거나 더 중요한 누군가를 만나러 가는 길에 늘 서로를 무시하고 지나치려 하는 걸까?

  아마도 단지 우리 스스로가 다른 이들과 다르다는 것에 너무 관심을 기울이기 때문에, 우리는 스스로 무거운 갑옷을 벗어 던져 버리고 상호간의 취약성 속으로 함께 들어오지 않았을 것이다.

  아마도 우리가 너무 우리 자신의 견해나 생각이나 확신으로 가득 차 있기에, 우리에게는 다른 이의 말을 경청하고 그 또는 그녀에게 배울 수 있도록 비워 둘 만한 공간이 전혀 없을지도 모른다.

  선에 대하여 물어보려고 스승을 찾아온 대학 교수가 있다. 난인이라는 선 스승이 그에게 차를 대접했다. 그는 자기 방문객의 찻잔을 가득 채우더니, 멈추지 않고 연거푸 계속 따르기만 했다. 교수는 잔이 넘쳐흐르는 걸 바라보다가, 마침내는 참을 수가 없었던지 소리를 냅다 질렀다.

  "아, 차가 넘치고 있잖아요! 더 이상 따르시면 안 됩니다!"

  난인이 말했다.

  "이 찻잔처럼, 당신도 자신의 견해와 사색으로 꽉 차 있군

요. 당신이 먼저 찻잔을 비우지 않는다면 내가 당신에게 어떻게 선을 가르칠 수 있겠소?"

돌보는 것은 무엇보다도 먼저 우리 자신의 잔을 비우고, 다른 이가 우리에게 가까이 올 수 있도록 허락하는 것을 뜻한다. 그것은 우리가 다른 이와의 친교 속으로 들어가지 못하도록 방해하는 많은 장벽들을 집어치우는 것을 뜻한다.

우리가 담대히 돌볼 때 우리는 인간적인 것은 아무것도 우리에게 낯설지 않다는 것을 발견한다. 그리고 온갖 증오와 사랑, 잔인과 자비, 두려움과 기쁨을 우리 자신의 마음속에서 찾아낼 수 있다는 것도 발견하게 된다.

우리가 담대히 돌볼 때, 이렇게 고백해야 할 것이다. 다른 이들이 살인을 저지를 때, 우리도 살인을 저지를 수 있었을 것이다. 다른 이들이 고문할 때, 우리도 똑같은 짓을 저지를 수 있었을 것이다. 그리고 다른 이들이 생명을 바칠 때, 우리도 똑같은 일을 할 수 있었을 것이다.

그때 우리는 살인하는 병사, 못살게 구는 위정자, 삶이 끝없는 것처럼 놀아대는 젊은이, 죽음에 대한 공포 때문에 놀

이를 멈춰 버린 노인과 같이 있을 수 있음을 경험한다.

우리 인간은 다 똑같다는 것을 정직하게 인정하고 고백함으로써 힘 있는 이가 아니라 힘없는 이를 위하여, 다름이 아니라 같음을 위하여, 고통을 제거하기보다는 나눔을 위하여 오신 하나님의 돌보심에 참여할 수 있다.

헨리 나우웬의 무덤 위에 있는 소박한 나무 십자가

(캐나다 토론토)

나가는 말

 예수님께서 빵 다섯 덩어리와 물고기 두 마리를 받으셨을 때, 그분은 그것을 군중들에게 되돌려 주셨다. 그리고 모두가 먹고도 남을 만큼 풍성했다. 선물은 받는 것에서 생긴다. 음식은 굶주린 이들과 형제애를 느끼는 것으로부터, 치유는 자비로부터, 치료는 돌봄으로부터 초래되었다. 도움을 필요로 하는 이들과 함께 울부짖을 수 있는 사람이라야 자신의 것을 움켜쥐지 않고 줄 수 있다.

 우리가 선을 행하고픈 욕망에 사로잡혀 정신이 팔리긴 하나 아파하는 이들의 그 처절한 필요를 공감할 수 없는 한,

우리가 도우려는 것은 마음과 두 손 사이 그 어딘가에서 서성거릴 수밖에 없다. 우리가 돌볼 수 있는 마음속으로 내려갈 수가 없다는 말이다.

그러나 고독 안에서 우리 마음은 그 많은 방어 장치들을 서서히 내려놓을 수 있고, 인간적인 것은 그 어느 것도 낯설지 않을 만큼 폭넓고 심도 깊게 자랄 수 있다. 그때 우리는 자신의 죄와 실패 때문만이 아니라, 동료 인간들의 고통 때문에 상하고 부서지고 통회하는 마음이 될 수 있다. 그때 우리는 인간적인 수고의 울타리 저 너머에 이르는 새로운 인식에 도달할 수 있다.

그리고 그때 소심함으로 자신이 먹을 음식이 충분히 남아 있지 않으면 어떡하나 걱정했던 우리는 미소 지을 수 있을 것이다. 그때 우리는, 오천 명이 넘는 이들을 먹이고도 여전히 빵과 물고기가 열두 광주리나 남아 있음을 발견하게 될 것이다. 그때 고독에서 생겨난 우리의 돌봄은 완전한 기쁨의 날이 곧 임박할 것이라는 기대의 한 표징이 될 수 있다.

3
희망 섞인 기대가 삶을 이끌어 간다

배반 당하시던 날 밤,
예수님께서는 자기 제자들에게 이렇게 말씀하셨다.
"조금 있으면, 너희는 나를 보지 못할 것이다.
그러나 또 조금 있으면, 나를 볼 것이다."

제자 가운데 몇몇이 서로 말하였다.
"그가 우리에게 '조금 있으면 너희가 나를 보지 못하게 되고,
또 조금 있으면 볼 것이다' 하신 말씀이나
'내가 아버지께로 가기 때문에' 라고 하신 말씀은
무슨 뜻일까?"
"도대체 '조금 있으면' 이라는 말씀이 무슨 뜻일까?
우리는, 그가 무엇을 말씀하시는지 모르겠다."

예수님께서는,
제자들이 자기에게 물어보고 싶어하는 기미를 알고,
그들에게 말씀하셨다.
"내가 '조금 있으면, 너희가 나를 보지 못하게 되고,
또다시 조금 있으면, 나를 볼 것이다'

한 말을 가지고 서로 논의하고 있느냐?

내가 진정으로 진정으로 너희에게 말한다.

너희는 울며 애통하겠으나,

세상은 기뻐할 것이다.

그러나 너희가 근심에 싸여도,

그 근심이 기쁨으로 바뀔 것이다.

여인이 해산할 때에는 근심한다.

때가 왔기 때문이다.

그러나 아이를 낳으면,

사람이 세상에 태어났다는 기쁨 때문에,

그 고통을 잊어버린다.

이와 같이, 지금 너희는 슬픔에 싸여 있지만,

내가 다시 너희를 볼 때에는 너희의 마음이 기쁠 것이요,

그 기쁨을 너희에게서 빼앗을 사람이 없을 것이다."

(요한복음 16장 16-22절)

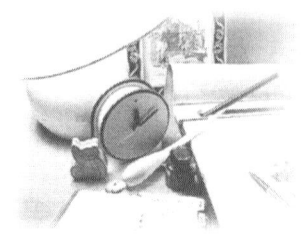

들어가는 말

고독에서 생겨난 돌봄은 하나님이 모든 것 가운데 모든 것이 되실 저 성취의 날에 대한 희망 섞인 기대가 뒷받침되지 않으면 지속될 수 없다. 그런 기대가 없다면, 돌봄은 쉽게 고통에 병적으로 빠져 버리고, 공동체를 형성하기보다는 이런저런 불평을 쏟아 놓는 경우가 더 빈번해지게 된다.

그러나 예수님께서는 돌봄의 그 짧은 시간을 뛰어넘어 기쁨의 날로 나아가는 길을 가리킴으로써 우리를 자기 불만으로부터 자유하게 하신다. "조금 있으면, 너희는 나를 보지 못할 것이다. 그러나 또 조금 있으면, 나를 볼 것이다…지금 너희는 슬픔에 싸여 있지만…너희의 마음이 기쁠 것이요, 그 기쁨을 너희에게서 빼앗을 사람이 없을 것이다."

 우리의 삶은 기대 속에 지내는 짧은 시간이다. 그 시간 속에서 슬픔과 기쁨이 매순간 서로 입맞춤한다. 우리 삶의 모든 순간을 침투해 들어오는 슬픔의 음조가 있다. 선명하고 순수한 기쁨 같은 것은 전혀 없는 것 같기도 하다.

 그러나 우리 실존의 가장 행복한 순간마저도 우리는 슬픔의 기미를 느낀다. 아무리 만족스러운 순간이라 할지라도, 그때마다 그 한계를 인식하게 된다. 아무리 성공했다손 치더라도, 그때마다 질투의 공포가 도사리고 있다.

 모든 미소 뒤편엔 눈물이 있다. 모든 포옹 속에는 외로움이 있다. 모든 친교 속에는 거리가 있다. 그리고 온갖 형태의 빛 속에는 주변을 그늘지게 하는 어둠이 있다.

 뉴잉글랜드 가을의 화려한 단풍들이 떨어져 낙엽이 지면 수수하고 앙상한 나무들이 되는 것처럼 기쁨과 슬픔은 서로에게 밀접하다. 당신이 이제 막 돌아온 친구의 손을 맞잡을 때, 그가 다시 당신을 떠나야만 할 것이라는 사실을 이미 알고 있다. 태양이 불타듯 내리쬐는 아주 광활한 대양에 감동을 받을 때 당신은 이 장대한 광경을 똑같이 볼 수 없는 친구를 그리워한다.

기쁨과 슬픔은 동시에 생겨난다. 그것은 둘 다 당신의 복잡한 감정들을 포착할 말을 찾아낼 수 없는 마음속 깊은 곳에서 우러난다. 삶의 매순간 순간이 죽음의 순간순간에 따라 건드려지는 친밀한 경험을 통하여 우리는 존재의 한계 너머에 이르는 길을 발견할 수 있다. 그런 경험을 통해 우리는 온전한 기쁨, 아무도 빼앗을 수 없는 기쁨으로 가득 찰 날을 기대하며 손꼽아 기다릴 수 있다. 그러므로 이제 인내로서 기대와 기쁨으로서 기대에 대해 묵상해 보자.

인내는 기대의 어머니다

프랑스 작가 시몬느 와일(Simone Weil)은 자신의 노트에 이렇게 적고 있다. "기대 속에 인내하며 기다리는 것이야말로 영성 생활의 토대다."

인내가 없다면 우리의 기대는 소망으로 가득 찬 생각들로 변질되어 버리고 말 것이다. 인내(patience)는 고난 받는 것(suffer)을 뜻하는 말인 'patior'에서 왔다. 예수님께서 말씀하신 첫 번째 약속은 고난이다.

"내가 진정으로 진정으로 너희에게 말한다…너희는 울며

애통하겠으나…그러나 너희가 근심에 싸여도…."

그러나 그분께서는 이런 고통들을 해산의 고통이라고 부르신다. 따라서 방해물이라고 보이던 것이 길이 된다. 장애물이라고 보이던 것이 문이 된다. 영 맞지 않는다고 보이던 것이 요긴한 것이 된다. 예수님께서는 우리의 역사를 닥치는 대로 벌어지는 일련의 슬픈 일이나 사건들로부터 마음의 변화를 위한 끊임없는 기회로 바꾸어 가신다.

그러므로 인내를 가지고 기다린다는 것은 우리의 울음과 애통이 정화를 위한 준비물이 되게 하는 것을 뜻한다. 그것에 따라 우리는 마침내 우리에게 약속된 기쁨을 누리게 될 것이다.

나는 몇 년 전에 노트르담대학교에서 연세가 지긋한 한 교수를 만났다. 그는 오랜 교수생활을 회고하면서 두 눈을 익살맞게 깜박거리며 이렇게 말했다. "나는 늘 나의 일이 끊임없이 방해받고 있다고 불평해 왔다. 그런데 지금 와서는 그런 방해들이야말로 바로 나의 일이 아니었나 하고 새삼 깨닫는다."

우리 삶에서 위대한 전환이 있다면 바로 그런 것이다. 곧 기대하지 못했던 많은 사건들이 우리 프로젝트들을 교란시키는 방해물이 되기도 한다. 하지만 하나님이 우리 마음을 다듬으시고, 재림을 위하여 우리를 준비시키시는 길이 된다는 것을 인정하고 믿는 것이다.

우리에게 커다란 유혹이 있다면, 그것은 지루함과 쓰라림이다. 우리의 좋은 계획들이 나쁜 날씨 때문에, 기막히게 쌓아올린 우리의 경력들이 질병이나 불운 때문에, 우리 마음의 평화가 내면의 소란함 때문에 방해받을 때, 우리는 모든 것을 마비시켜 버리는 지루함에 굴복당하거나 파괴적인 쓰라림에 뒤통수를 맞을 수도 있다. 또한 평화를 갈망하는 우리의 희망이 새로운 전쟁 때문에, 안전한 정치 체제를 갈구하는 우리의 바람이 계속해서 뒤바뀌는 위정자들 때문에, 그리고 불멸을 꿈꾸는 우리의 바람이 현실적인 죽음으로 인해 포기되거나 넘어지는 유혹을 받기도 한다.

인내가 우리 기대들을 자라게 할 수 있다고 믿을 때, 비로소 숙명은 소명으로, 상처는 더 깊은 이해를 위한 부르심으로, 슬픔은 기쁨의 발상지로 전환될 수 있다.

나는 여러분에게 한 중년 남성 이야기를 하고자 한다. 그는 치명적인 혈암이라고 하는 백혈병의 발견 때문에 그 동안 쌓아 온 자신의 모든 경력이 물거품이 될 지경에 이른 사람이다. 그의 모든 인생 계획이 힘없이 무너져 엉망진창이 되어 버렸고 그의 모든 계획이 바뀌지 않으면 안 되었다.

그러나 그는 서서히 이렇게 자문해 보지 않을 수 없었다. '왜 나에게 이런 일이 벌어졌을까? 내가 무슨 잘못을 했기에, 우리에게 이런 불운이 들이닥쳤을까?' 라고 묻기보다는 '이 사건 뒤에 숨겨진 약속은 무엇일까?'

그의 반항이 새로운 탐구가 되었을 때, 그는 다른 암 환자들에게 힘과 희망을 줄 수 있다는 것을 느꼈다. 그는 자기 상황을 직면함으로써 자신의 고통을 다른 이들을 위한 치유의 자원으로 삼을 수 있다는 것도 느꼈다.

오늘까지 이 남성은 많은 교역자들이 할 수 있는 일보다 더 많은 일을 하고 있다. 뿐만 아니라, 그는 예전에는 전혀 몰랐던 차원에서 자신의 삶을 재발견했다.

슬픔 속에서 건져 올린 기쁨

 인내는 기대의 어머니이자 우리 삶 속에 기쁨을 가져오는 기대 그 자체다. 예수님께서는 우리가 고통을 바라보게 하실 뿐만 아니라, 그것들을 뛰어넘게 하신다.

"지금 너희는 슬픔에 싸여 있지만, 내가 다시 너희를 볼 때는 너희의 마음이 기쁨으로 가득 찰 것이다."

미래에 대한 희망이 없는 사람은 남성이나 여성이나 현재를 창조적으로 살 수도 없다. 기대의 역설은, 실로 내일을 믿는 이들이야말로 오늘을 더 잘 살 수 있다는 것이다. 슬픔에서 기쁨이 샘솟기를 기대하는 이들이야말로 옛 생명의 한가운데서 새 생명이 시작됨을 발견할 수 있다는 것이다. 다시 오실 주님을 손꼽아 기다리는 이들이야말로 자신의 삶 속에서 그분을 발견할 수 있다는 말이다.

편지 한 통이 당신의 하루를 얼마나 변화시킬 수 있는지 잘 알 것이다. 편지함이 죽 진열되어 있는 벽 정면에 서 있는 사람들을 볼 때, 당신은 그 작은 종이 한 장이 사람을 얼마나 바꿔 놓을 수 있는지 볼 수 있다. 굽은 등을 펴게 하고, 부루퉁한 입에 다시 휘파람이 나오도록 할 수 있다. 하루가 예전의 하루처럼 여전히 무미건조하고, 일도 여전히 따분할지 모른다. 그러나 우편함 속에 있는 편지 속에서 누군가가 당신을 사랑하고 있다거나, 당신을 다시 만날 날을 고대하고 있다거나, 당신이 곁에 있어 주기를 간절히 바란다거나, 누군가가 곧 찾아오겠다고 약속하는 말을 들었을 때, 그것은 모든 것을 달라지게 만든다.

기대 속에 살아온 삶은 우리가 편지를 받는 삶과 같다. 그

편지를 통하여 우리가 그토록 그리워했던 그 사람이 우리가 상상했던 것보다 훨씬 더 일찍 돌아오게 된다. 기대는 기쁨을 슬픔의 한가운데로 데려오고, 사랑했던 이를 그리움의 중심부로 데려온다.

과거에 우리와 함께 머물렀으며 미래에 우리에게 돌아올 이가 기억과 희망이 서로 맞닿는 그 소중한 순간에 우리 곁에 다가와 함께 있게 된다. 그 순간 그 사람이 이미 우리를 감동시켰기 때문에 우리가 할 수 있는 거라곤 기대뿐이다.

동해안 맨 끝에 있는 학교로 오기 위해 자기 단짝들을 대부분 뒤로 한 채 떠나야만 했던 캘리포니아 출신의 한 학생이 나에게 이렇게 말했다. "떠나는 게 쉽지는 않았어요. 그러나 이별이 고통스럽지 않다면, 재회도 기쁠 수가 없을 거예요."

그렇게 해서 첫가을 그를 아프게 했던 이별의 슬픔은 그해 겨울 성탄절 재회의 기쁨이 되어 돌아왔다.

하나님은 우리와 함께 계시는 걸까, 아니면 저 멀리 따로 떨어져 계시는 걸까? 이제 우리가 말할 수 있는 것은 이런 것이 아닐까? 곧 그분의 부재에 대한 우리의 슬픔 한가운데서 우리가 그분의 현존에 대한 첫 번째 표징을 찾아낼 수 있다고 말이다. 그리고 우리의 그리움 그 한가운데서 우리는 그것들을 창조하신 분의 발자취를 발견할 수 있다고 말이다. 다름이 아니라 사랑하는 사람을 신실하게 기다리는 바로 그 일을 통해, 우리는 이미 그가 우리 삶에 얼마나 깊게 들어와 있는지 알고 있다.

자기 아들에 대한 어머니의 사랑이 그녀가 아들을 기다리는 동안 커 가는 것처럼, 연인들이 오랜 기간 서로 떨어져 있으면서 서로를 재발견하는 것처럼, 하나님과 우리의 친밀한 관계도 우리가 그분의 재림을 기대하며 인내 속에 기다리는 동안 더 깊어지고 더 성숙될 수 있다.

나가는 말

 "조금 있으면, 너희는 나를 보지 못할 것이다. 그러나 또 조금 있으면, 나를 볼 것이다."

 우리는 지금 이 '조금 있으면'이라는 시간 속에 살고 있다. 우리가 이 시간을 창조적으로 살아가려면 이 조금의 시간을 고독으로부터 살 수 있어야 한다. 다시 말해서 우리 일의 결과에 얽매이지 않고 살 수 있어야 한다. 그리고 우리가 울며 애통하는 이들과 함께 울면서 이 시간을 살 수 있어야 한다. 그러나 우리의 고독과 돌봄을 위대한 기쁨의 날에 대한 준비로 빚어가는 것은 그분의 재림에 대한 기대다.

 바로 이것이 우리가 감사함으로 빵과 포도주를 받을 때 표현하는 것이다. 우리는 굶주림을 달래기 위해서 빵을 먹거나 목마름을 가시게 하기 위해서 포도주를 마시는 게 아니다. 우리가 빵과 포도주를 조금씩 먹고 마시는 이유는 하나님의 현존이 이미 오셨으나 여전히 또 오실 분의 현존이요, 우리의 마음을 건드려 감동시키셨으나 아직은 우리의 모든 슬픔을 제거시키지 못한 분의 현존 안에 있음을 깨닫는 것이다.

 따라서 우리가 약간의 빵과 약간의 포도주를 함께 나눌 때 이미 갈 길을 다 간 사람들로서 이 예식을 행하는 것이 아니다. 오히려 우리가 그분을 다시 뵐 때까지 참고 또 참는 가운데 기대를 한껏 품으며 서로를 후원할 수 있는 남성들과 여성들로서 참여하는 것이다.

 그렇게 되어야 비로소 우리 마음은 기쁨으로 가득 찰 것이고, 그 기쁨을 우리에게서 빼앗을 사람이 아무도 없을 것이다.

나 홀로, 주님과 함께······.